Tanja M. Feiler

Bildband

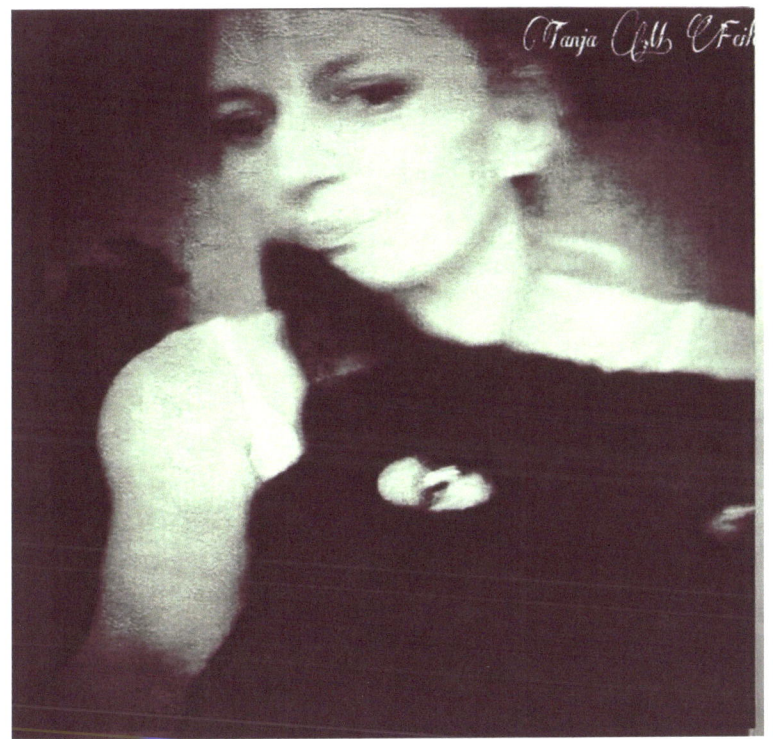

VIntage

VIntage

Bildband

Für meinen Ehemann

Autorin: Tanja M. Feiler

Cover: Tanja M. Feiler

Bilder: Tanja M. Feiler

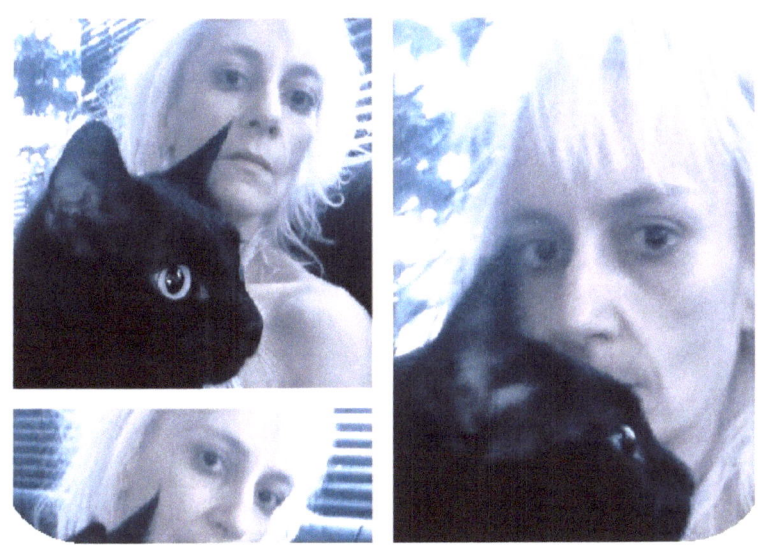

Kitty und ich

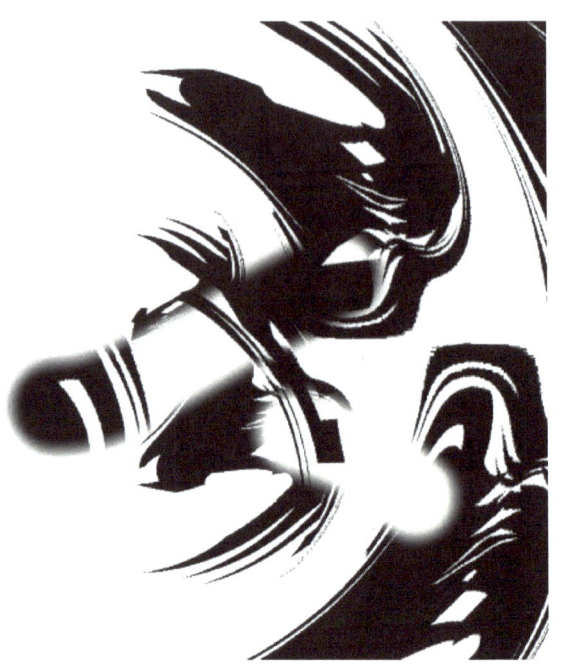

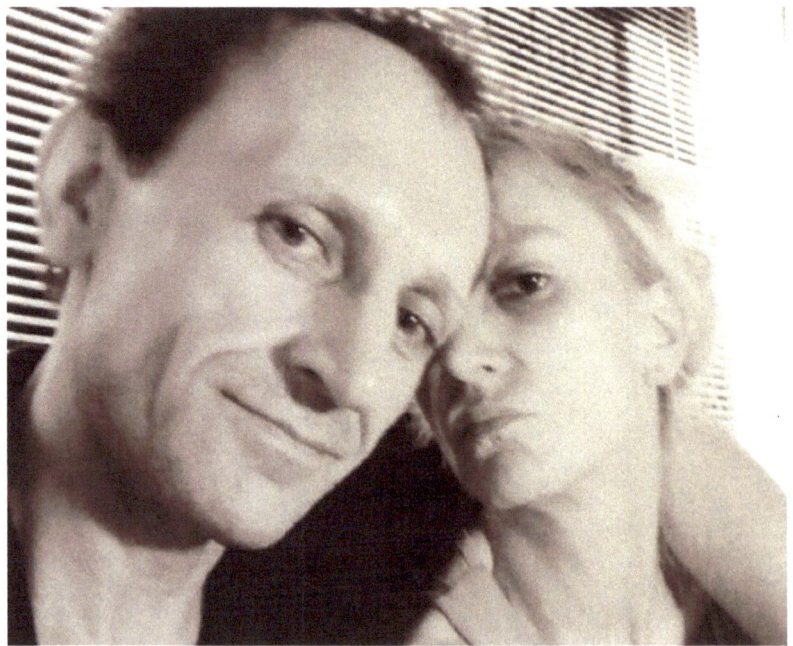

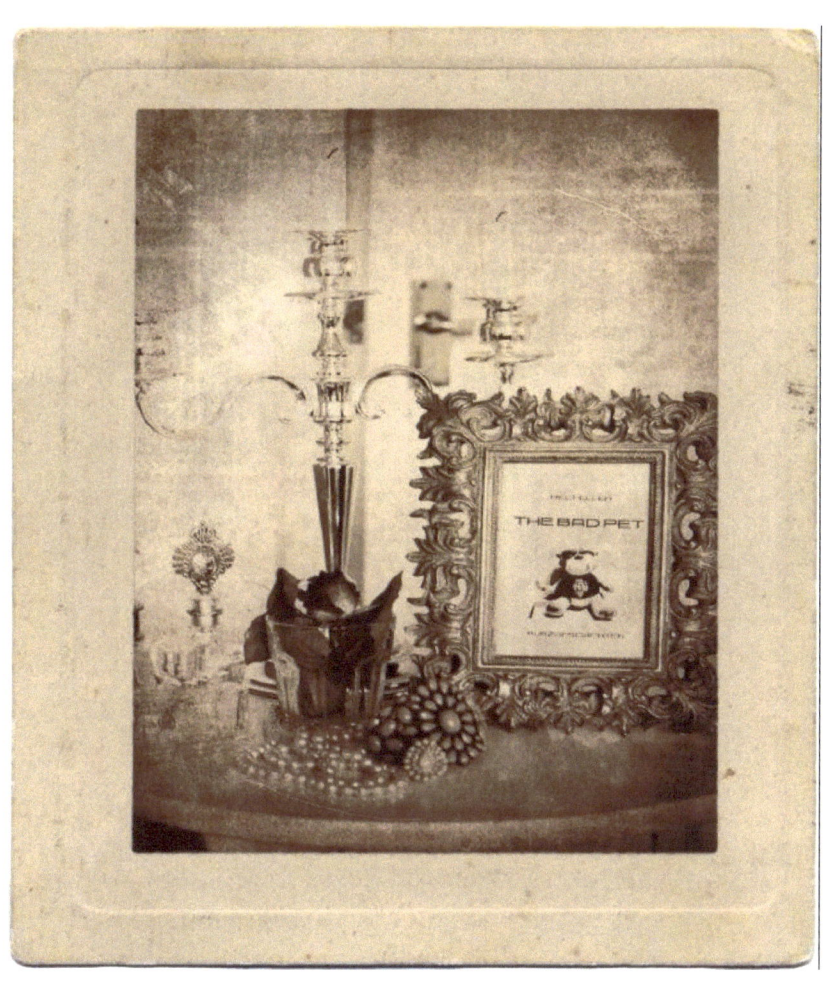

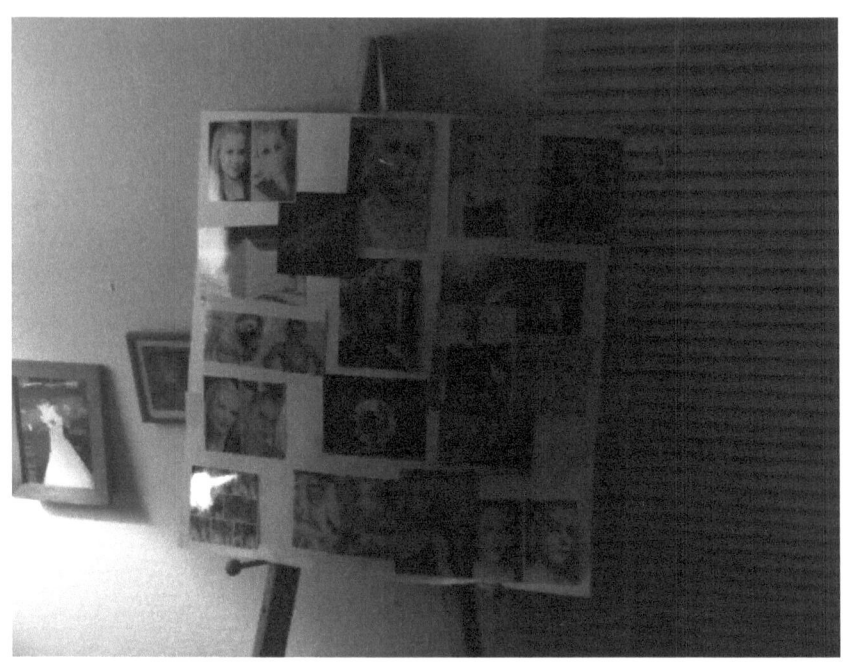

KUNST

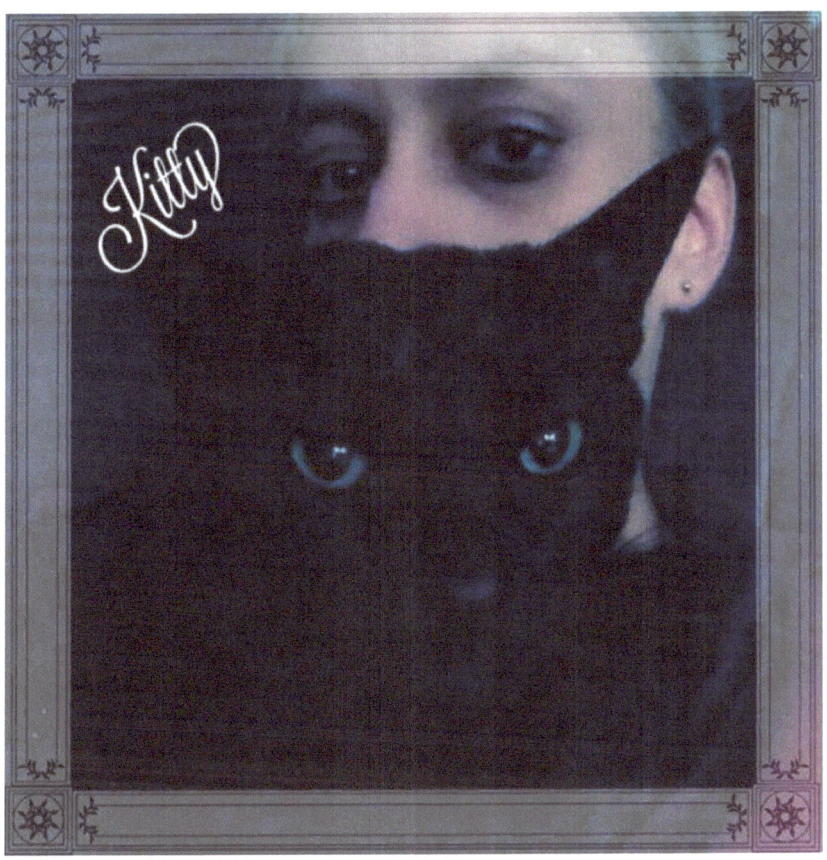

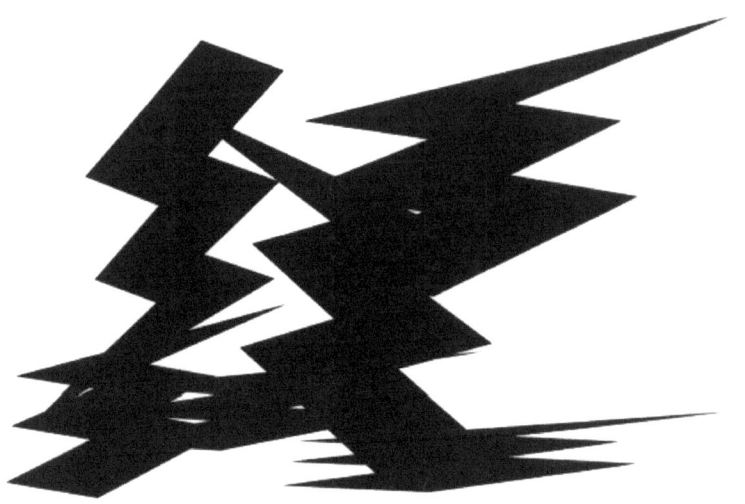

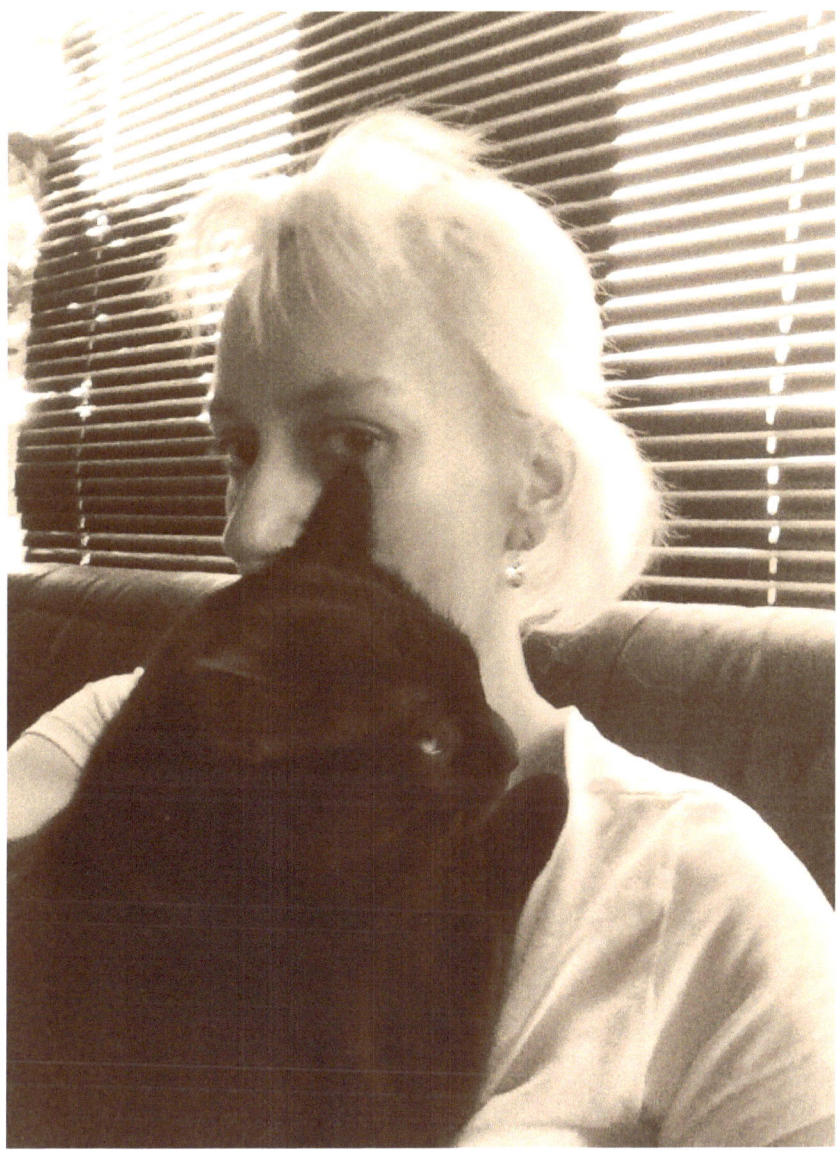

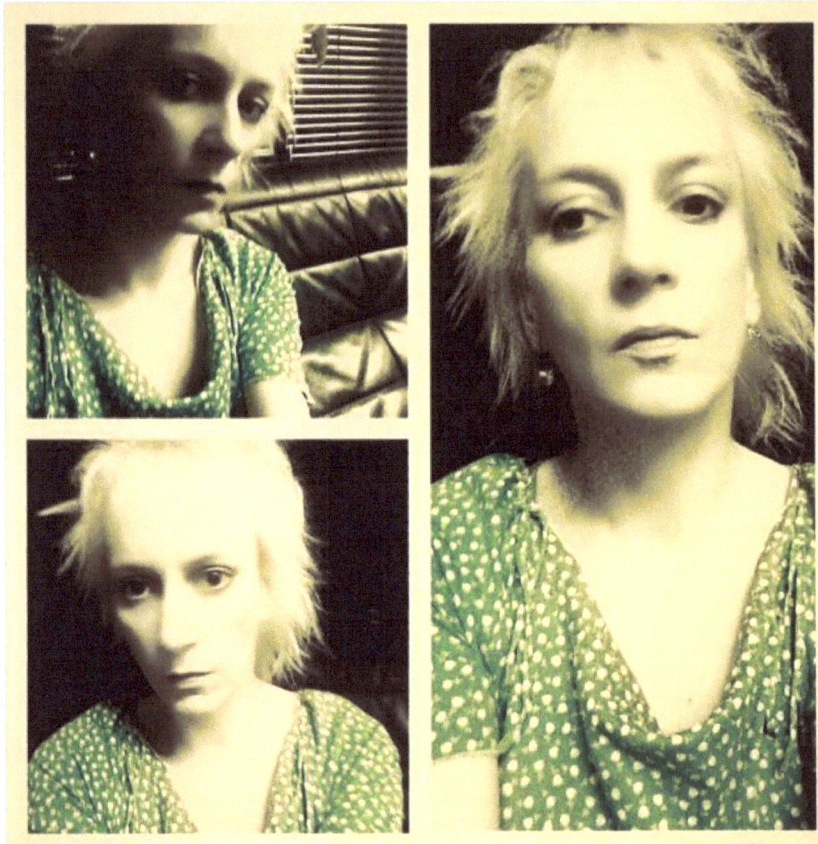

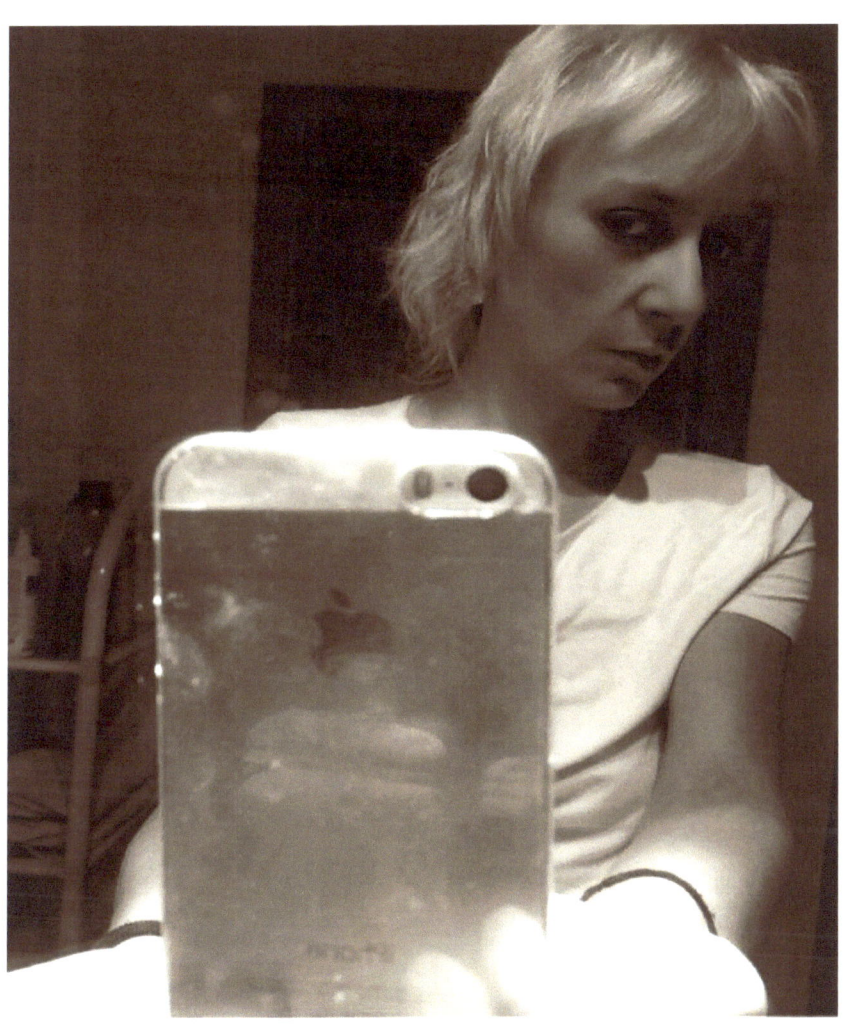

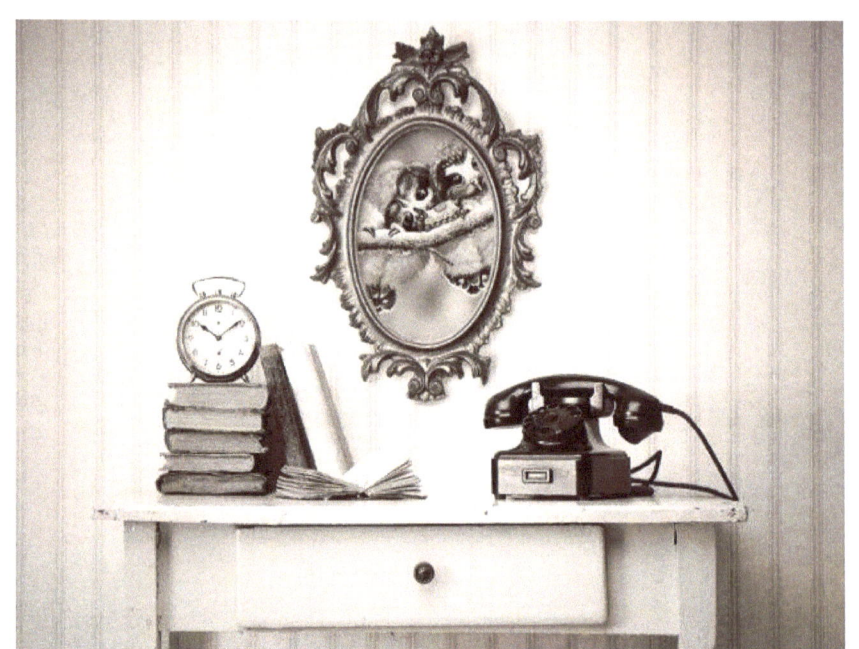

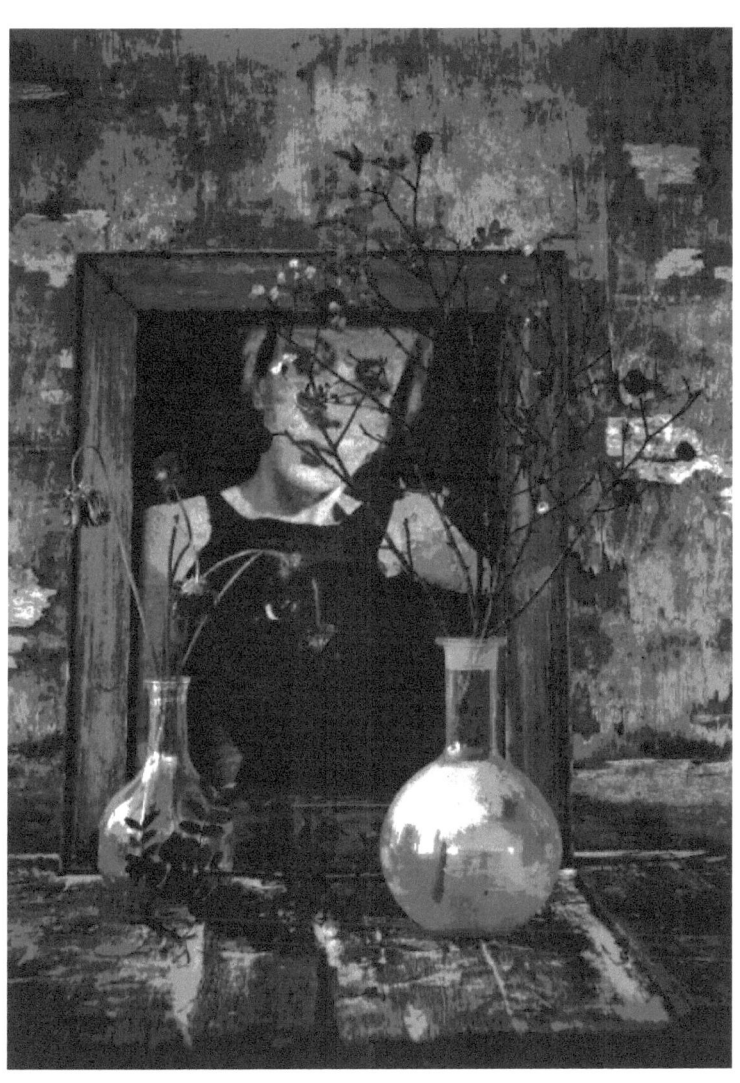

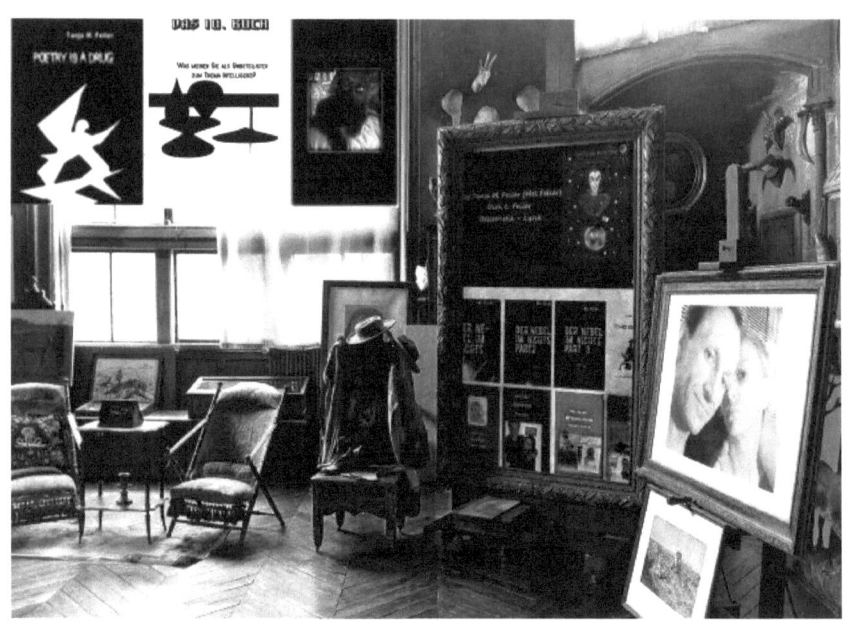

DLFV – The Books

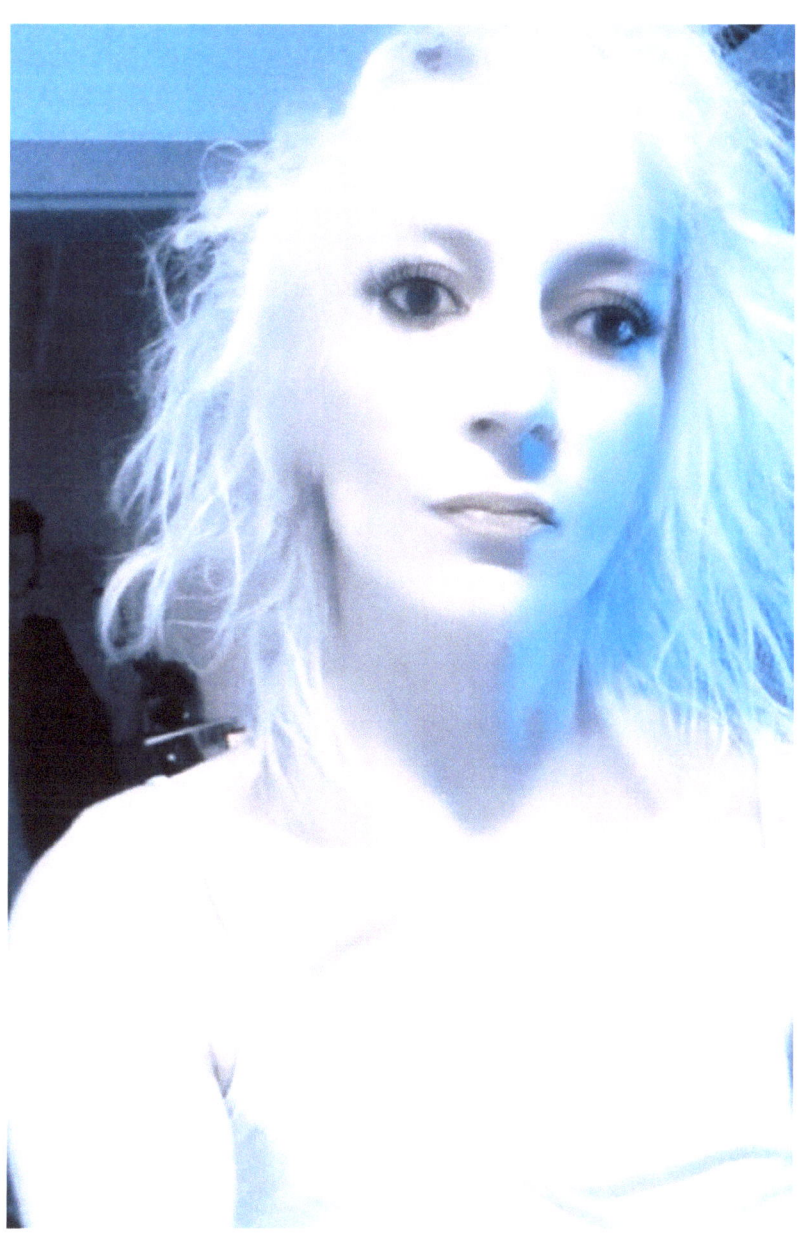

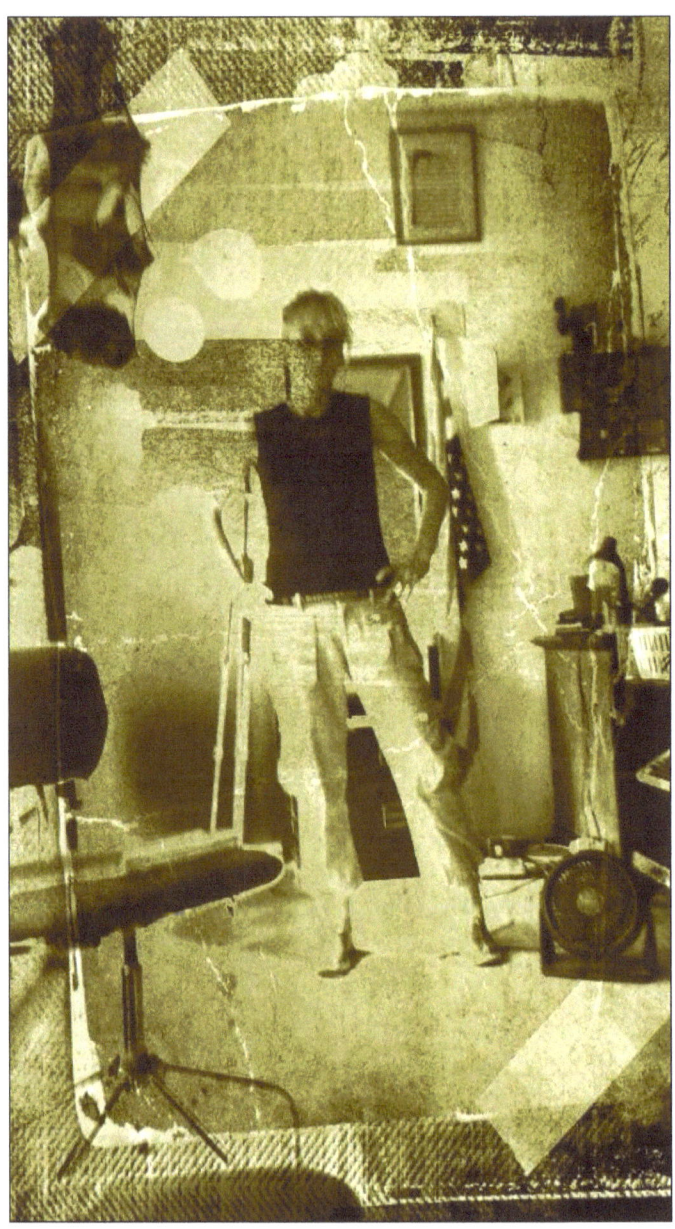

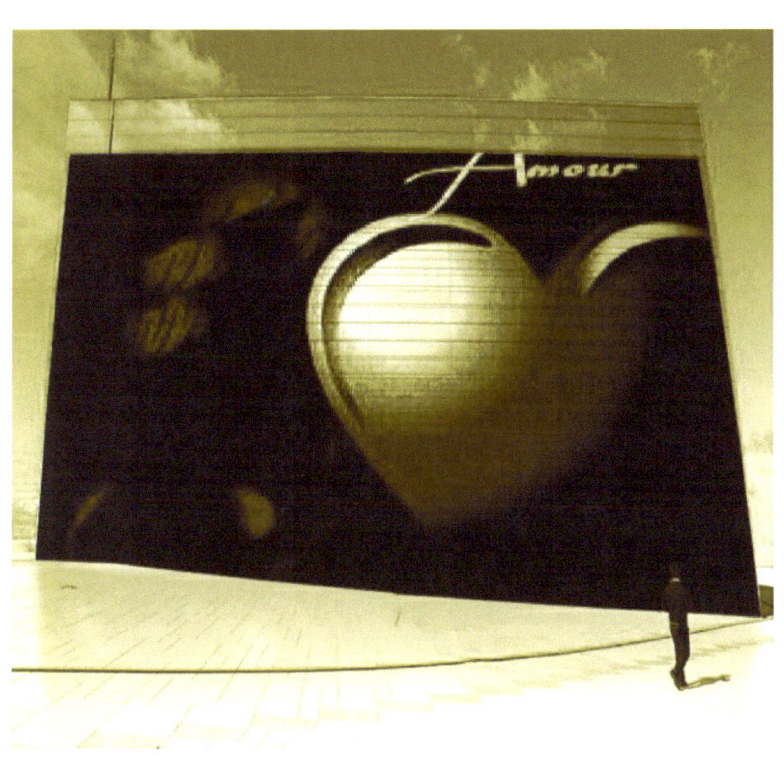

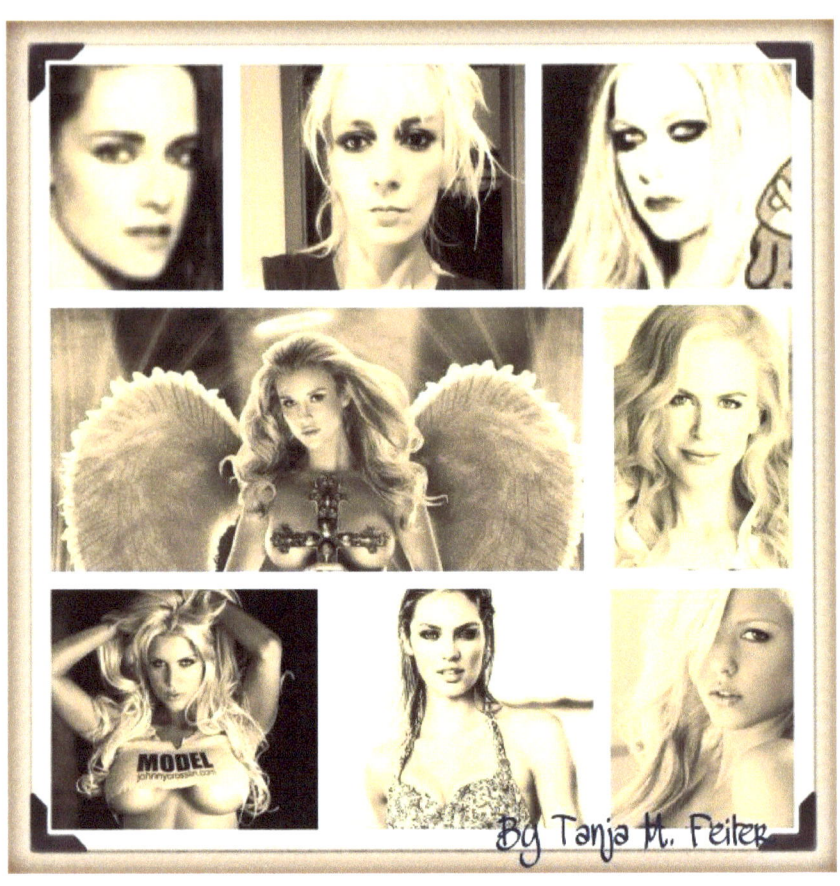

By Tanja M. Feiler

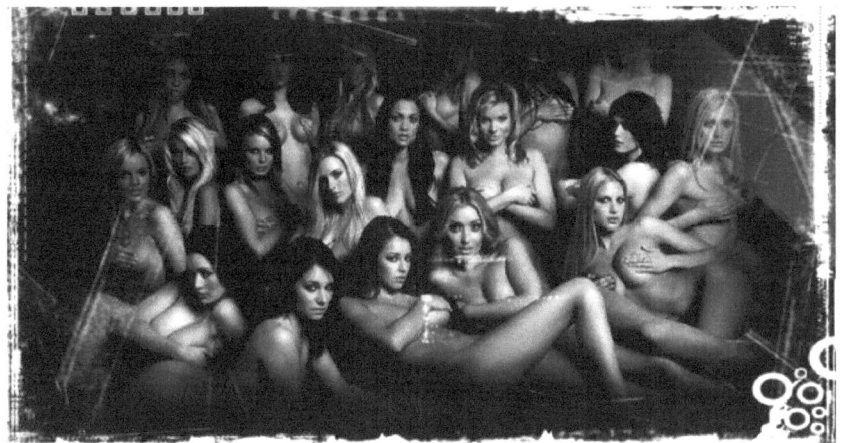

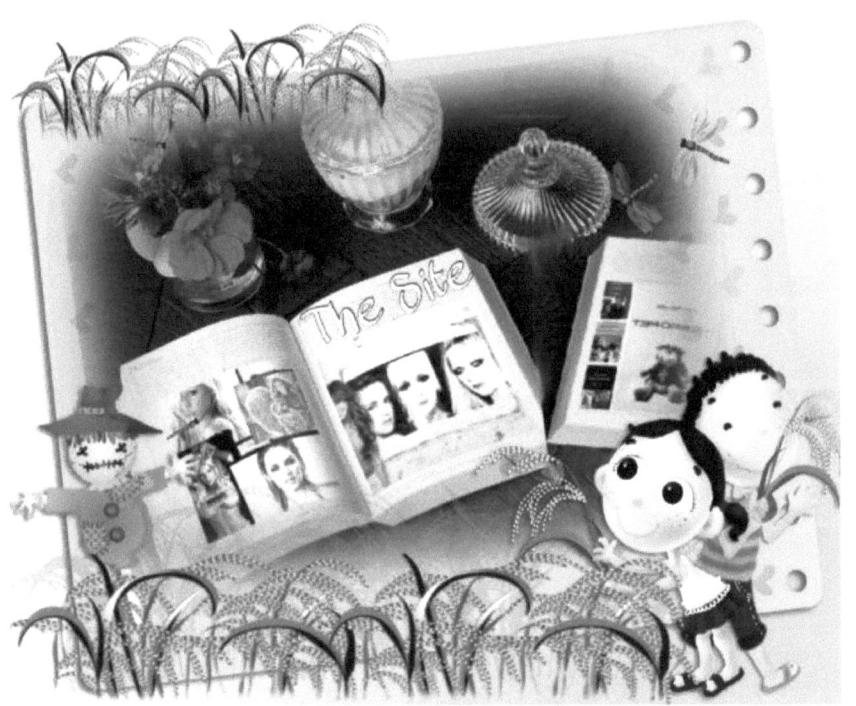

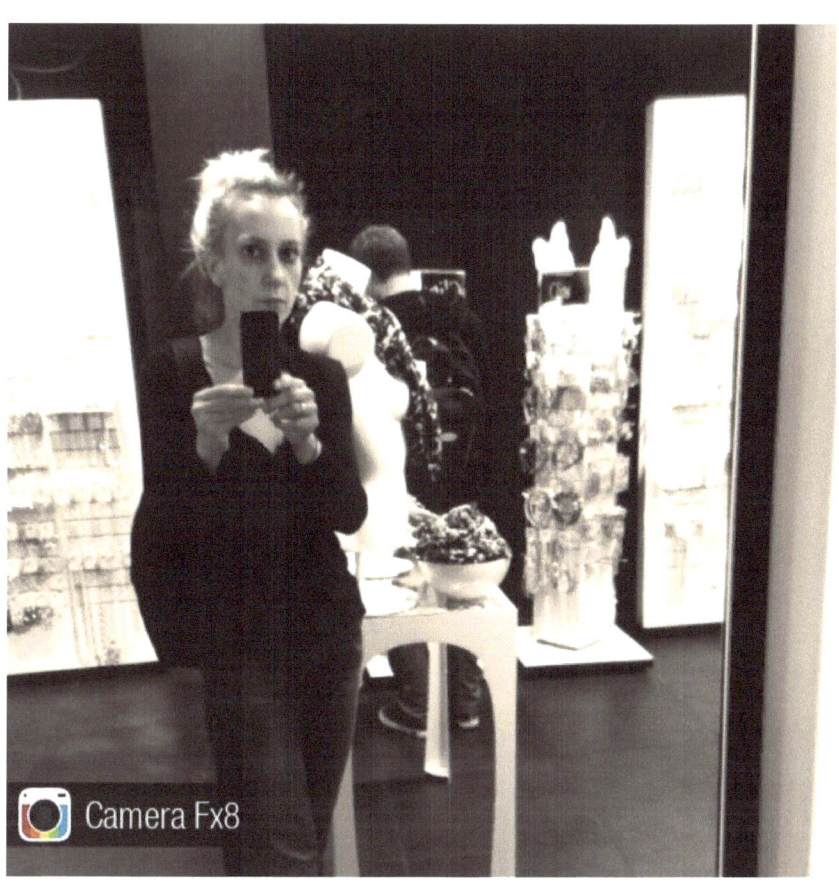
Camera Fx8

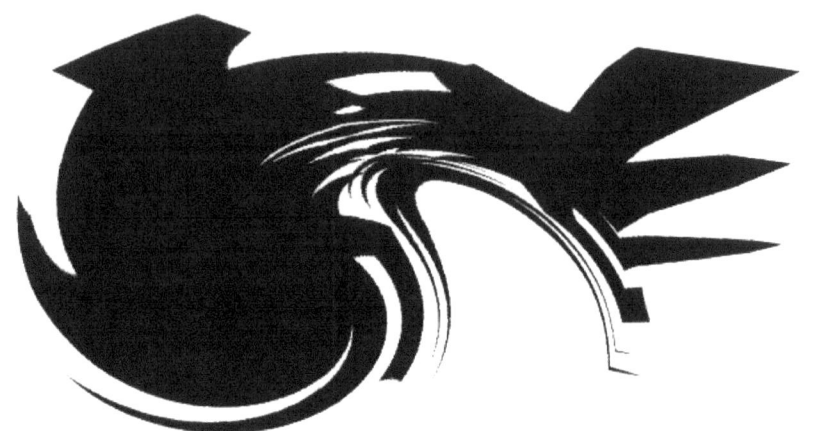

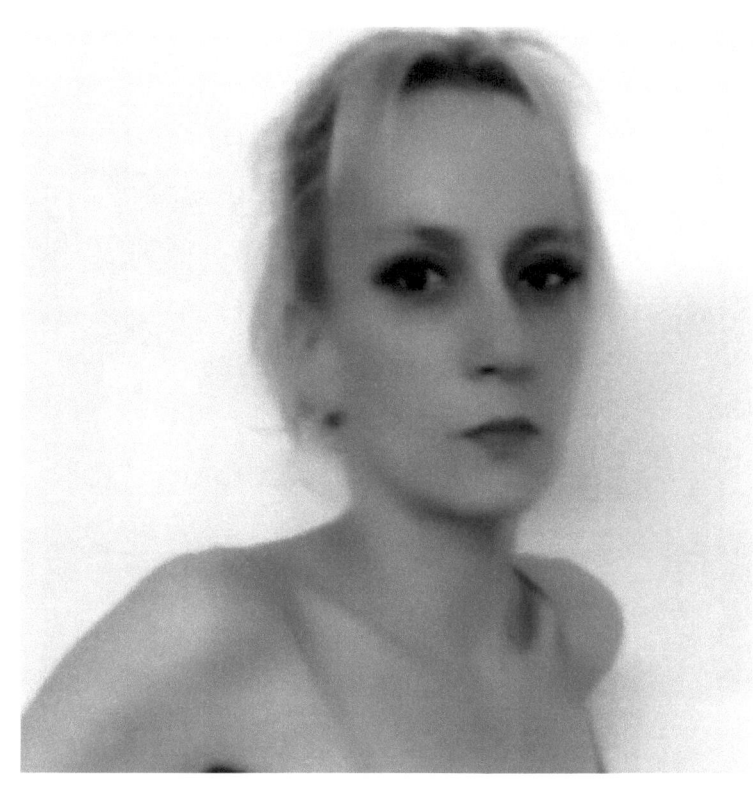

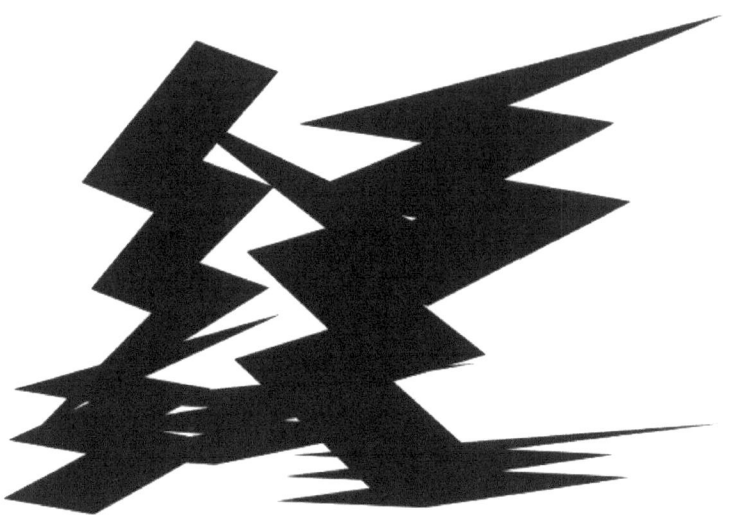

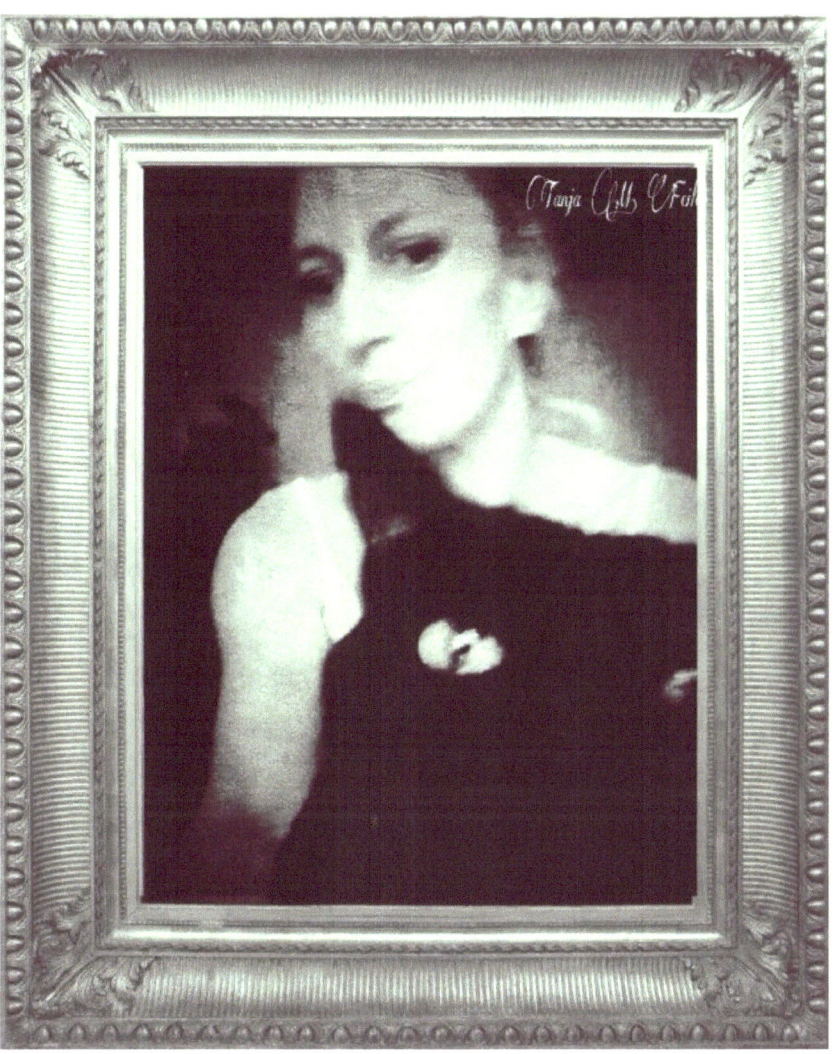

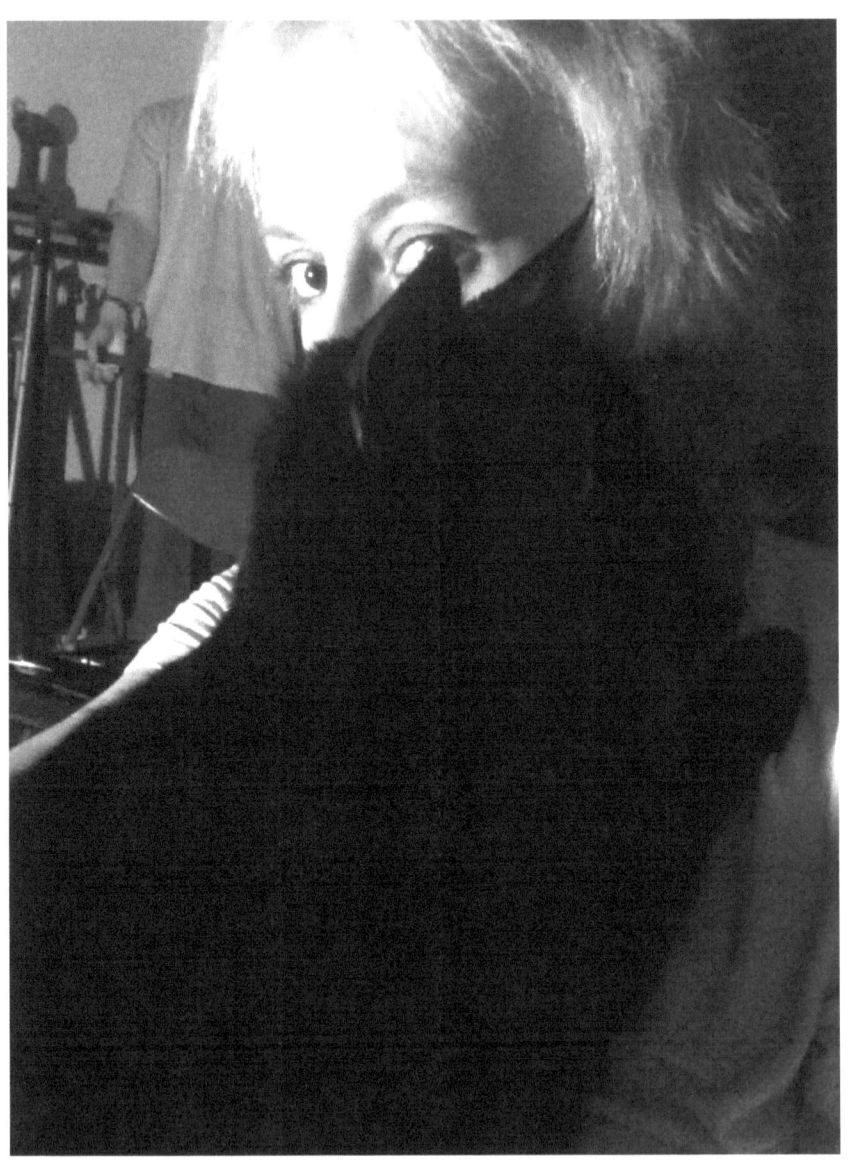

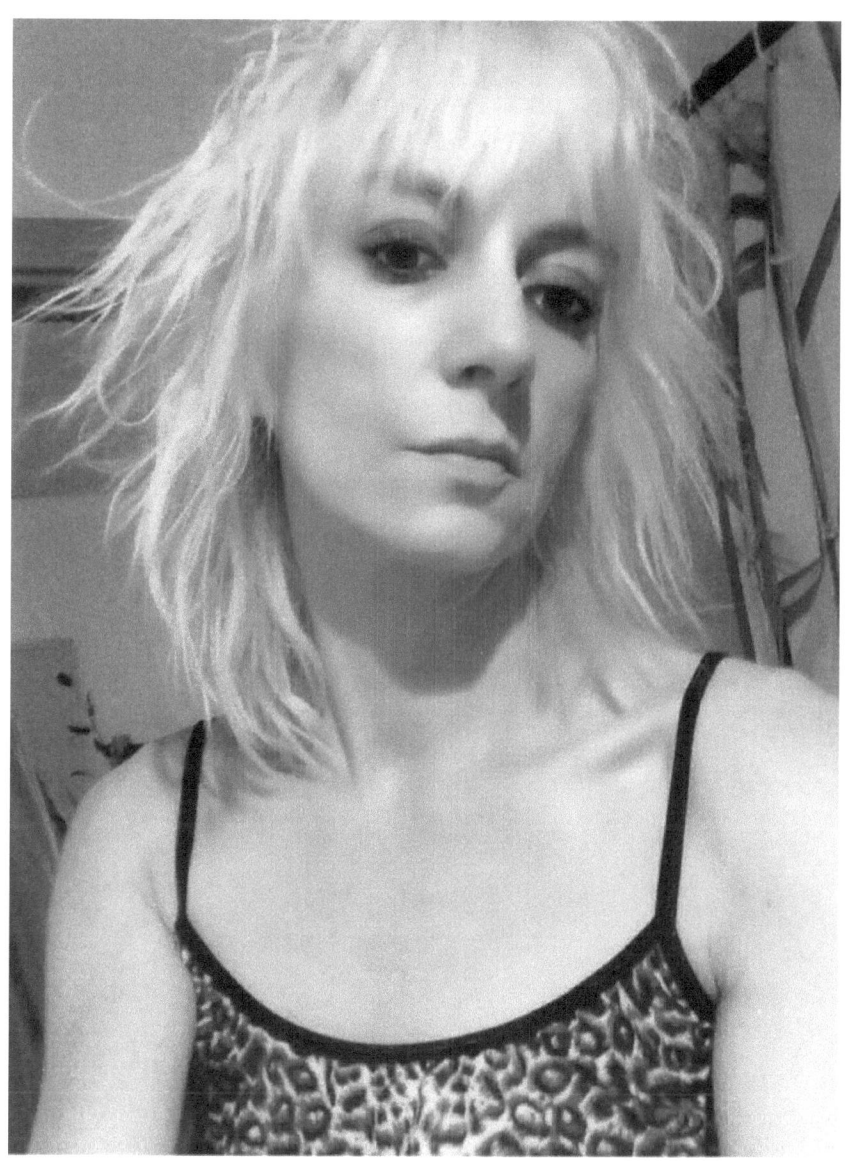

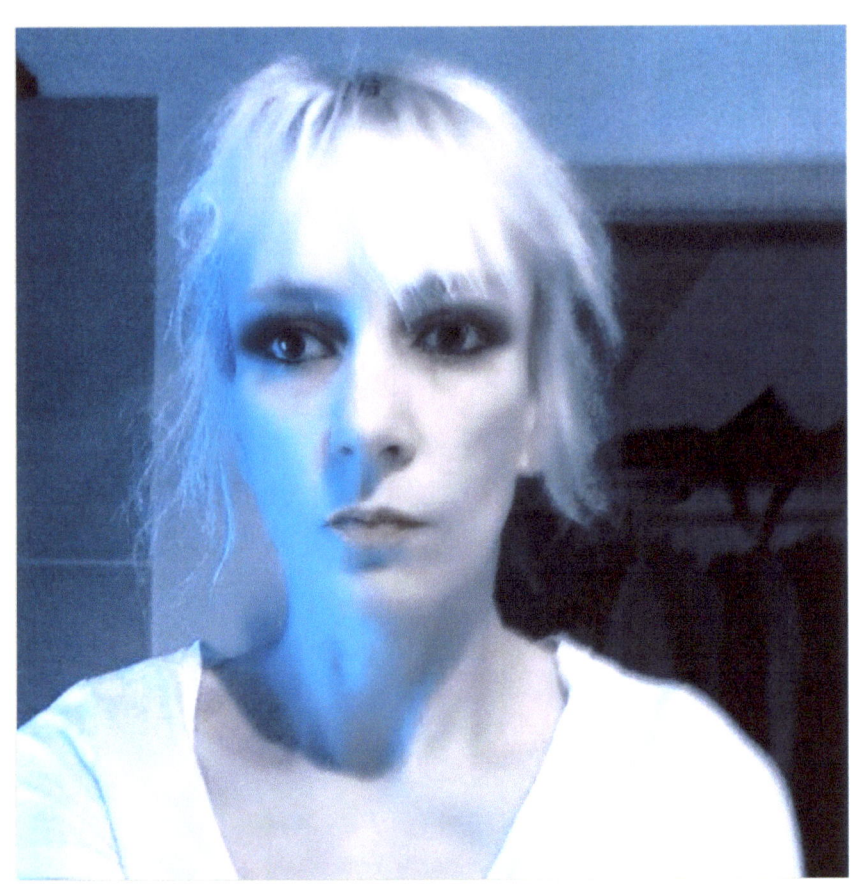

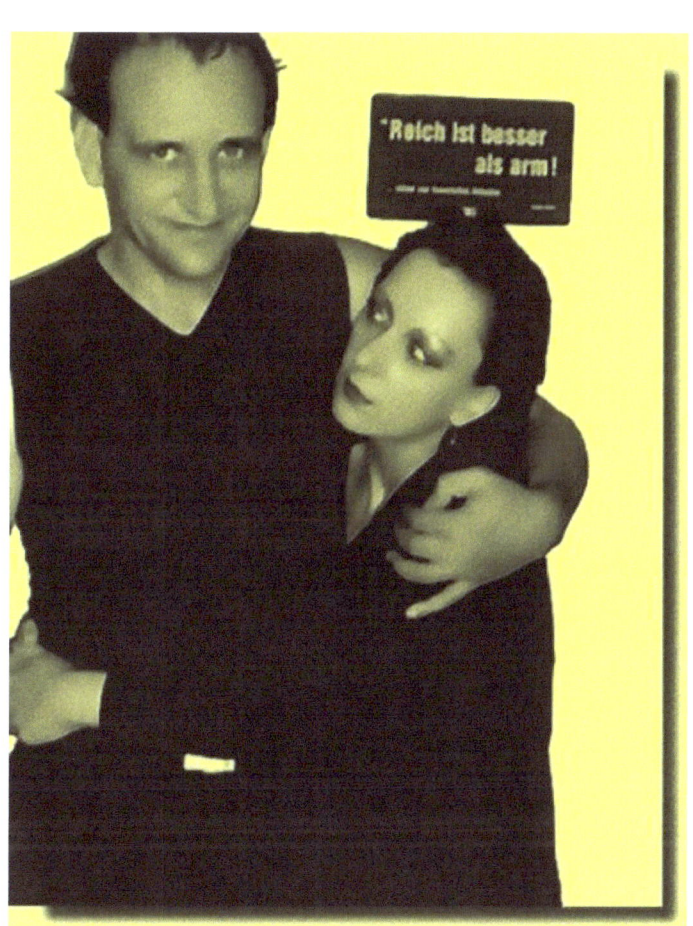

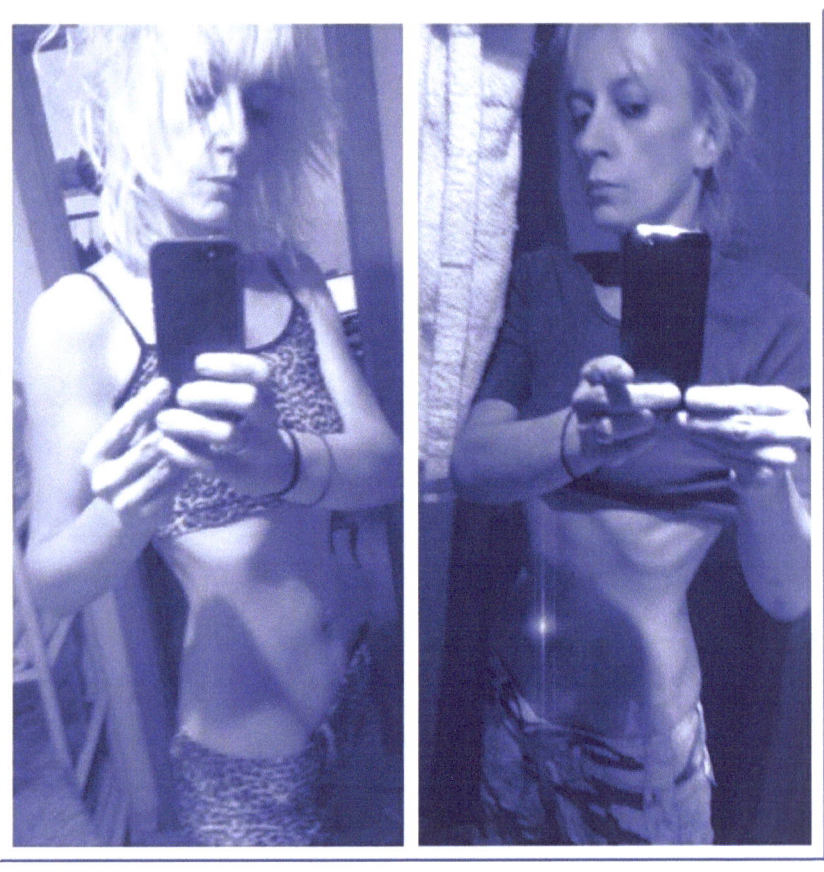

Vintage Selfie!

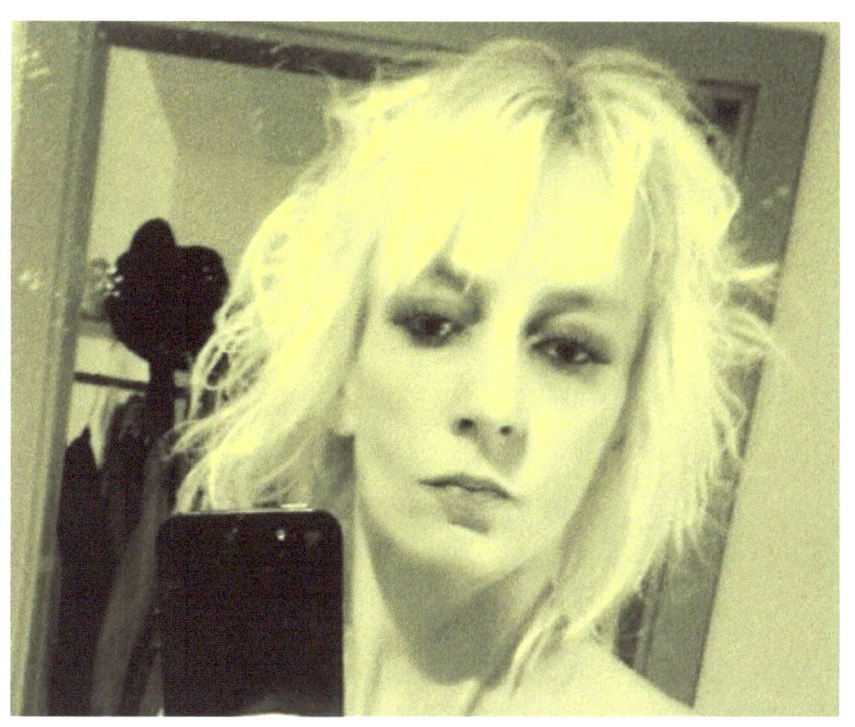

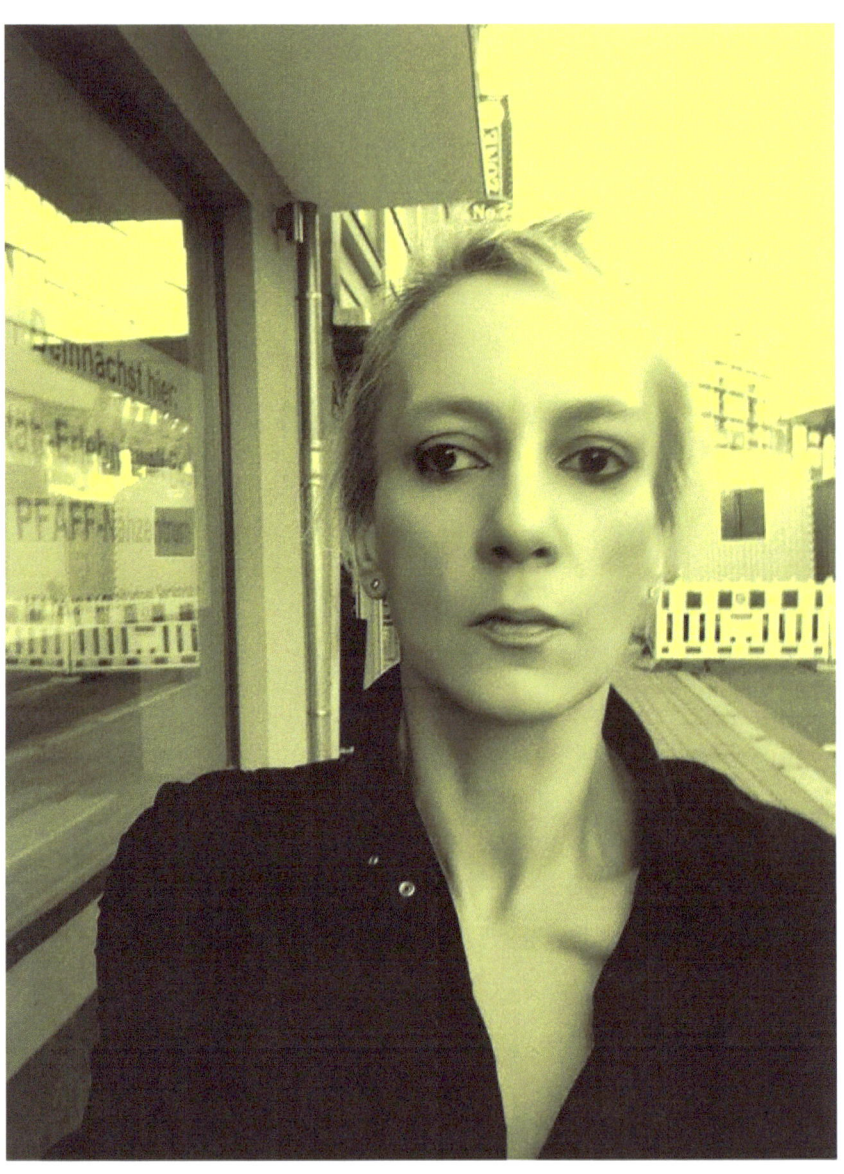

Besonders Danke ich meinem Mann

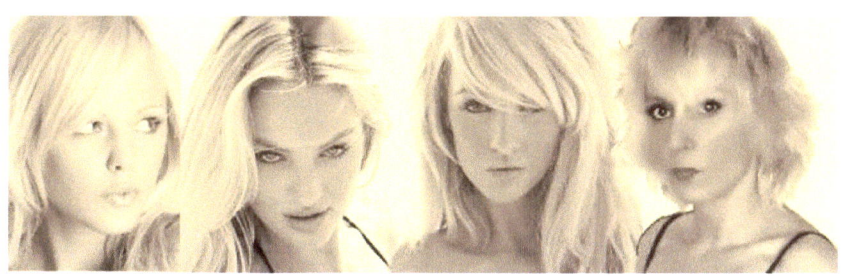